# Identidad nómada

# Identidad nómada

J. M. G. Le Clézio

Traducción del francés de
María Teresa Gallego Urrutia y
Amaya García Gallego

Lumen
*narrativa*

Papel certificado por el Forest Stewardship Council®

MIXTO
Papel | Apoyando la
silvicultura responsable
FSC® C117695

Penguin
Random House
Grupo Editorial

Título original: *Identité nomade*

Primera edición: noviembre de 2024

En páginas 8-9, cuadro de Mahi Binebine

© 2024, Éditions Robert Laffont, S. A. S., París
© 2024, Penguin Random House Grupo Editorial, S. A. U.
Travessera de Gràcia, 47-49. 08021 Barcelona
© 2024, María Teresa Gallego Urrutia y Amaya García Gallego, por la traducción

*Printed in Spain* – Impreso en España

ISBN: 978-84-264-3099-1
Depósito legal: B-16040-2024

Compuesto en M. I. Maquetación, S. L.

Impreso en Unigraf, S. L., Móstoles (Madrid)

H 4 3 0 9 9 1

*Para las Estrellas de Sidi Moumen*
*y para las Estrellas de Jemaa El Fna*

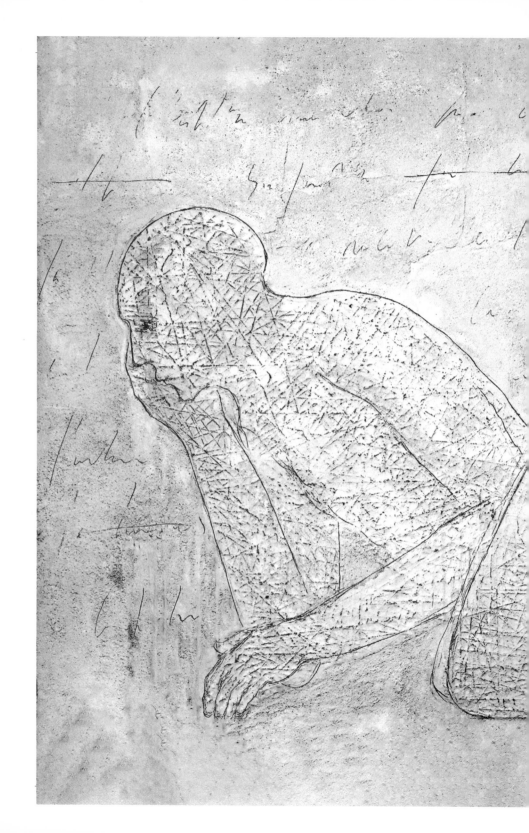

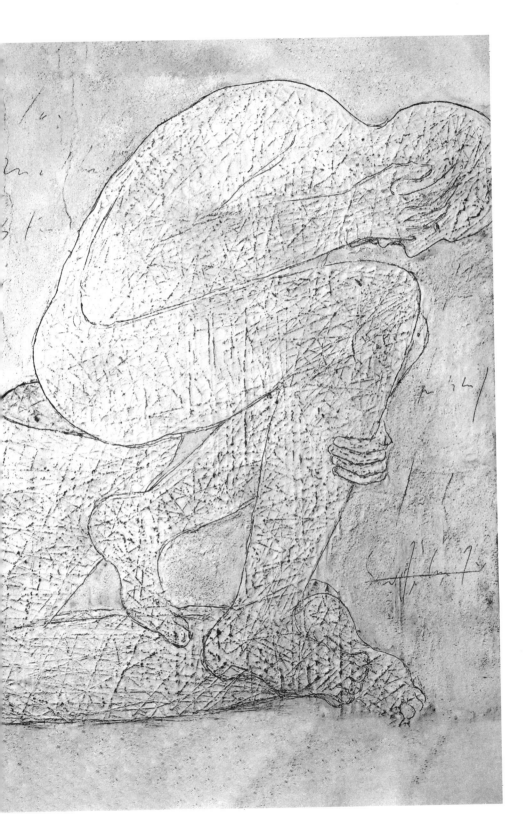

# Una infancia en la guerra

He tenido la buena y la mala suerte de nacer durante la guerra, pero resulta que los niños que nacen en una guerra están especialmente atentos a las desgracias y a las dificultades de la vida. Me acuerdo perfectamente de los bombardeos, por entonces mi madre, mi abuela, mi hermano y yo vivíamos en Niza. Mi padre era médico en África. La guerra nos había separado. No lo conocí hasta la edad de diez años. Cuando terminaron los conflictos, hicimos un viaje a Nigeria durante el cual vi por primera vez a mi padre. Esa vida de la guerra creo que me sensibilizó a todo lo que pueda pasar, porque un niño es como una esponja, atrapa absolutamente todo lo que pasa.

Escuchaba los rumores, la primera vez que oí hablar de la muerte fue durante la guerra, debía de tener cinco años, a uno de mis compañeros de juegos algo mayor que yo (tendría unos doce años) le estalló un explosivo mientras lo transportaba. Iba a colocar esos explosivos en los puentes para volarlos y que los alemanes no pudieran avanzar. Fue la primera vez que supe lo que era la muerte porque, por lo demás, no tenía ni la menor idea de lo que significaba.

Los niños que viven durante esos periodos están especialmente atentos a todo lo bueno o lo malo que pueda ocurrir. Lo bueno es la alegría que puede dar un momento de libertad. Cuando nos daban permiso para salir del lugar donde nos refugiábamos, mi madre nos llevaba a orillas de un riachuelo donde nos bañábamos. Recuerdo como algo maravilloso el agua del río, el sol, era verano, en la región de Niza, recuerdo aquellas horas. Recuerdo haber comido con deleite unas patatas, que eran algo que no teníamos, solo conocíamos las patacas y las nabas, que alimentaron a todo el mundo por aquel entonces. También me acuerdo de la siega, que se hacía con guadaña. La gente que no se había ido a la guerra, las mujeres y las personas de cierta edad, cosechaban el trigo a mano. Me acuerdo de haber recogido granos de trigo con mi abuela para luego molerlos en el molinillo de café y hacer harina, y con esa harina hacer bollitos. Las alegrías que pueden dar cosas tan sencillas como la comida, la siega, el sol o el agua de los ríos las menciono aquí para decir que, en el fondo, el interés que siento por las emociones de la infancia surge de esos momentos de la guerra.

Hoy, cuando se va al sur de Francia, resulta imposible imaginar que la gente se muriera de hambre, porque es un lugar lujosísimo, pero al final de la guerra murieron cantidades espantosas de personas mayores y de niños, no de malos tratos sino de disentería y de enfermedades que causaba la desnutrición. Incluso yo contraje la tuberculosis por entonces. Las enfermedades que desde entonces parecen haberse erradicado en la parte desarrollada del mundo volvieron a aparecer en ese periodo y tuvieron un impacto muy cruel.

En mi familia hubo personas que se murieron literalmente de hambre. Estoy pensando en concreto en dos hermanas, amigas de mi abuela, que vivían en el sótano de una villa nizarda en la más absoluta penuria, alimentándose tan solo de los restos que encontraban en el mercado o de despojos de la carnicería que compartían con su manada de gatos medio salvajes. Una de ellas, que se llamaba Mathilde, se murió al final de la guerra por culpa de la desnutrición y la tuberculosis. Por aquel entonces, muchas personas mayores se murieron realmente de hambre porque ya no les quedaba nada que comer. No había nada. Niza es una ciudad frívola, una ciudad cimentada en los casinos y el lujo, pero cuando estalla una guerra, los casinos y el lujo ya no funcionan, de modo que la ciudad se hunde en una gravísima depresión económica. Como las tierras de cultivo se habían convertido en suelo para el desarrollo urbanístico, ya no existía producción, no había nada. En cambio, en el norte de Europa, la gente aún tenía algo que comer, dentro de un orden, y con qué vivir. Ese aspecto de la guerra me dejó profundamente marcado, y también la sensación de que las primeras víctimas de las guerras son las personas mayores y los niños. La guerra no es ni mucho menos un momento glorioso, no es un momento que debamos celebrar, es un momento que debemos lamentar, un momento del que debemos quejarnos. La guerra no es heroísmo, es la muerte de las personas mayores y de los niños. Ellos son las primeras víctimas. Creo que si quisiéramos definir qué es la guerra, yo diría que es un crimen contra los viejos y contra los niños.

# Iba a convertirme en africano

Cuando cumplí los ocho años, me fui de Europa para ir a reunirme con mi padre que se había establecido en el África inglesa, en Nigeria, en la región del río Cross. Pensé que jamás regresaría a Francia. Me despedí de mi abuela, una despedida muy conmovedora porque pensé que no iba a volver a verla nunca. Junto con mi madre y mi hermano, me subí a un barco de la naviera Holland Africa Line que se llamaba Nigerstrom y zarpamos hacia Nigeria. Era un viaje muy largo y yo estaba resuelto, durante ese periplo, a despojarme, a deshacerme de todo lo que sabía de Europa. No iba a volver a ver Europa. Iba a convertirme en africano, y para sacarle todo el jugo a aquella travesía escribí una novelita en el barco.

Es la novela de un niño. Se titulaba *Oradi negro*.
Oradi era el nombre del personaje, un niño africano
de mi edad. Un niño al que habían extraviado en
Europa y que volvía a África para descubrir la tierra
de su familia, la tierra de sus padres, su tierra.

Aquella novelita me ayudó a hacer la transición
hacia África desde Europa, que era un continente
muy doloroso. Después de la guerra, Europa estaba
arruinada, ya no quedaba dinero ni nada que comer,
el territorio estaba en un estado de destrucción total.
Dejaba ese país destrozado para ir hacia un país que
yo me imaginaba que era el de la saciedad. África,
para mí, era la tierra de la abundancia. En cuanto
alcanzamos la costa africana, es decir, Dakar y luego Lomé, Cotonú, Takoradi, en cada escala llegaban
al barco fruta y verduras, cosas que en Europa no
se conocían. Probé el aguacate por primera vez en
esa travesía y probé la fruta tropical, las piñas, los
plátanos, comí todo cuanto quise, porque el barco
que hacía ese viaje también era una transición hacia
una tierra de abundancia.

La Francia que dejaba atrás era un país que se había clausurado durante la guerra, habían construido paredes que impedían llegar al Mediterráneo, unas murallas pintadas de verde, marrón y amarillo obstruían todas las costas para que los aviones no pudieran localizar los objetivos… Eran los alemanes quienes habían levantado esas murallas. Por si fuera poco, la aviación canadiense y la estadounidense bombardeaban Niza porque aún quedaban algunos alemanes. El puente del Var quedó destrozado, cuando mi madre iba en bicicleta a buscar verdura, tenía que vadear el río y, más adelante, cuando llegaron los aliados, construyeron encima del río un puente Bailey, suspendido sobre flotadores de madera. O sea, que nos caían bombas sin saber por qué… Esa sensación de estar encerrado en una cárcel a cielo abierto, con el peligro que suponían los bombardeos, además de las minas, porque los alemanes habían sembrado toda la región de minas antipersona, era terrible. Nosotros, los niños, no teníamos permiso para salir a vagabundear, debíamos quedarnos encerrados para no acabar saltando por los aires con una de esas minas. O recibiendo una bala perdida de los últimos combates.

# Segunda infancia

Nos fuimos de aquel mundo para navegar hacia un país donde podíamos andar descalzos, correr por la selva y por la sabana, donde podíamos descubrir la vida, los insectos, las serpientes, los escorpiones y, de vez en cuando, un mono, un babuino que pasaba no muy lejos; era de lo más embriagador. No se trataba de una libertad sosa, sino de auténtica libertad. Con todo, crecíamos en un entorno bastante estricto, porque mi madre ponía mucho empeño en que no dejásemos de estar escolarizados, de modo que por la mañana estudiábamos matemáticas y ortografía. Era ella quien se encargaba de darnos clase. Pero por la tarde, y cuando digo por la tarde tengo la sensación de que duraba mucho más que una tarde, de que duraba días enteros, tocaba la clase de ecología, es decir, nos dejaban sueltos por la sabana, vagabundeábamos por la selva, corríamos y descubríamos el mundo natural. Pero también descubríamos la amistad, porque estábamos rodeados de niños ibos, habíamos tenido que aprender palabras en ibo para poder entendernos con ellos, aprendimos a vivir de verdad. Habíamos vivido encerrados por la guerra; gracias a África conocimos la libertad y la felicidad de existir.

Los niños con quienes vivíamos tenían nuestra edad, es decir, entre ocho y once años, pero ya eran adultos, porque los africanos crecen muy deprisa. Recuerdo en concreto a una niña de doce años que formaba parte de nuestro grupo y que un día nos anunció que ya no podría acompañarnos más porque iba a casarse. Era una vida muy distinta a la de mi primera infancia. Ahora bien, para un niño bastante pequeño, descubrir que se puede ser adulto muy pronto es una auténtica revelación. Hace que te tomes la vida muy en serio.

Cuando, después de esa estancia en África, tuve que volver a Europa para seguir estudiando, porque

nuestra madre tenía mucho empeño en que lleváse-
mos una vida normal (íbamos a la escuela de verdad,
pues de todas formas a ella no se le daba muy bien
enseñar), observé que los niños de nuestra edad eran
inmaduros, carecían de la experiencia que tenían
los niños africanos.

Por eso a mí me parecía que el mundo estaba di-
vidido en dos. Había uno donde la infancia quizá
duraba demasiado, y otro donde la infancia quizá duraba demasiado poco. Y yo estaba entre esos dos mun-
dos. Esa fue la sensación que tuve. No era una sensación de libertad, sino de que en África la naturaleza
era más libre, pero los niños lo eran menos, de entra-
da estaban más orientados hacia la vida adulta. Eran
más respetuosos con sus padres de lo que lo eran los
niños en Francia. Mucho menos agresivos verbalmente. Había en ellos algo muy distinto.

Añadiré además que los niños africanos jugaban
muy poco, tenían muy pocos juegos, sus actividades
solían estar vinculadas a la utilidad de la vida. Es
decir, ir a por leña para el fuego, ayudar a construir
y hablar. Hablaban mucho. En Francia los niños
tenían juegos, y uno de ellos, al que intenté adap-

tarme aunque no lo conseguí, era el fútbol. Nunca logré jugar al fútbol correctamente. No sé por qué no me entraba. Quizá porque por aquel entonces los africanos no jugaban a eso, había otros juegos, nadaban en el río, y nadábamos, corrían, y corríamos; pero no se corría detrás de un balón, era distinto. Me costó mucho acostumbrarme a esa transición.

Más adelante tuve que buscar mi libertad en Francia, y esa libertad consistía en poder escribir, inventar historias y personajes. A partir de ese día pude llevar a cabo lo que me resultaba imposible hacer en la vida cotidiana.

# Testigo de la colonización

Al cabo de un tiempo, después de trasladarnos, a principios de la década de 1950, mis padres y yo viajamos a Marruecos para hacer turismo. Mi padre había pasado a la reserva y quería conocer Marrakech, así que fuimos en barco hasta Casablanca y allí cogimos un autocar para ir a Marrakech. Se tardaba bastante, de hecho fue un viaje épico.

A mi padre, que era médico del Ejército Colonial británico, le escandalizó una escena que se me ha quedado grabada. Íbamos en el autocar y, en un momento dado, el conductor, que era francés, paró el autocar para revisar los billetes de los pasajeros; pero resulta que había un pobre anciano que no tenía con qué pagar el trayecto. El chófer obligó a bajarse en la carretera a aquel pobre campesino marroquí, estábamos en pleno campo, se bajó. Mi padre me dijo:

—Fíjate, esto es la colonización, hay que acabar con este sistema porque no es normal que no se compartan las cosas con un hombre mayor y no se lo ayude dándole un billete de autobús.

Así que fue yendo a Marrakech como me enteré de las injusticias de la colonización.

Luego, obviamente, descubrí Marrakech, que era un lugar muy distinto a la ciudad en la que se ha convertido. Había mucho polvo, me acuerdo del polvo que cubría la ciudad. Pero estaba ese retumbar de tambores, eran los gnawa, que ya estaban allí, que siempre han estado allí. Y estaban los encantadores de serpientes, los vendedores de baratijas estaban todos allí, todavía hoy me vuelvo a encontrar con todo aquello.

Cuando hace poco subí a la azotea del hotel France para rememorar aquel viaje (por aquel entonces era el único hotel que había), me tomé un té y miré la ciudad de Marrakech que se extendía ante mi vista. Me conmovió mucho, creo que por el exotismo y a la vez por la humanidad, ambas cosas iban unidas.

Albergo esa profunda gratitud por África, que me dio la alegría de vivir cuanto tenía ocho años, procedente de un país destrozado. Creo que nunca olvidaré aquel vuelco. Cuando se dice que África es un continente pobre, un continente aquejado por la desgracia, no acierto a entender ese razonamiento, porque para mí, al contrario, era Europa la que estaba aquejada por la desgracia, era Europa la que era pobre y yo iba hacia el país de la prosperidad y de la riqueza.

Claro que se presenciaban injusticias muy crueles. Las primeras imágenes de África que se me quedaron grabadas en Nigeria fueron unos presos a los que conducía un guardián inglés, encadenados y andando por el arcén con un pico al hombro porque iban a construir la piscina del DO (DO significa *District Officer*). Y conservo el recuerdo del sonido de las cadenas de los presos que caminaban a lo largo de la carretera y me impresionó por ser algo muy cruel, muy injusto, que la administración británica recurriese a los presos para construir su piscina particular maltratándolos de un modo terrible, puesto que estaban encadenados e iban andando por el arcén.

Conservo la imagen de la primera vez que entré en contacto con África, fue en Dakar y me embriagó el olor de los cacahuetes. Dakar era la capital del cultivo del cacahuete, allí se habían establecido las fábricas Lesieur, por entonces el país no se llamaba Senegal, se hablaba del «África Occidental». Cuando desembarcabas en Dakar, te impregnaba ese olor, daba un poco de tos, pero al mismo tiempo es un olor a aceite, es el olor de algo sustancioso y de lo más embriagador. Y a continuación, a lo largo de toda la costa, Takoradi, era una maravilla de hermosura física. Por entonces, la playa de Takoradi no se parecía a eso en lo que se ha convertido ahora, era una playa desierta de arena muy blanca, la primera vez de mi vida que me bañé en el mar fue allí, porque en Europa no podíamos ir al mar, como ya he mencionado, porque estaba prohibido acercarse. Así pues, para mí África es un continente de libertad, un continente de prosperidad. Conservo imágenes muy crueles de la colonización, pero no han invalidado la sensación de felicidad y de prosperidad que me produjo Nigeria en aquel momento.

El país hizo que me olvidara de la guerra, era muy próspero porque tenía una estructura económica tradicional, lo cual significa que era realmente agrícola. Más adelante se descubrió una de esas desgracias del mundo que es el petróleo, y resultó desastroso para Nigeria. La guerra de Biafra era una guerra por el petróleo, ni más ni menos. Los franceses y los rusos apoyaban a los ibos, y los ingleses y los estadounidenses apoyaban a los yorubas. Los yorubas y los ibos iniciaron una guerra fratricida muy cruel que destrozó Nigeria, que era un país de prosperidad y se convirtió en un país de desdicha y dificultades.

En la actualidad sigue siendo así, el sur del país, la región donde viví mientras estuve en Nigeria, es una región devastada ecológicamente. El petróleo lo ha destruido todo, lo ha ensuciado todo, lo ha abolido todo. Por estas razones ambas cosas me afectan mucho, las dos están vinculadas, la guerra estratégica y la guerra económica están vinculadas a la destrucción de la ecología, a la destrucción de nuestra casa, puesto que «ecología» significa «ciencia de la casa». Han destruido la casa de los nigerianos. Pero no es el único lugar, hay otros lugares en el mundo donde ocurre lo mismo, guerra estratégica y guerra contra la ecología.

# La cuestión de la identidad

Soy un hombre que ha conocido un mundo distinto y que trata de reseñarlo, no por nostalgia, sino porque le tengo apego a todo lo que me creó, a todo lo que me formó. Quizá sea un defecto propio de los escritores, el de escribir una y otra vez las mismas cosas, retomar una y otra vez lo que los obsesiona y lo que los ha motivado. Pero en mi caso, la cuestión de la identidad no se llegó a plantear realmente porque nací en una situación muy extraña.

Mis padres son mauricianos y, por ende, africanos, pero Isla Mauricio es el país más pequeño de la Unión de Estados Africanos: no en vano se habla de la República de Mauricio. Cuando nací, no existía, era una colonia británica, de modo que vine al mundo siendo británico. Por ese motivo firmo mis libros como «J. M. G» que es, en efecto, lo que pone en mi pasaporte británico: en la cubierta se escribían las iniciales del nombre de pila y nunca el nombre entero. Así que mantuve ese guiño en lo sucesivo.

Más adelante, cuando ya tenía diecisiete años y me acercaba a los dieciocho, Argelia estaba en plena guerra. Mi padre me desaconsejó que hiciera el servicio militar. Yo era francés por parte de madre y británico por parte de padre, que incluso llegó a decirme:

—Deberías renunciar a la nacionalidad francesa, no hay ningún motivo para que vayas a matar argelinos.

Así que me fui al cuartel y les dije:

—Lo siento, aunque me han llamado para hacer el servicio militar y por lo tanto mandarme a Argelia, no voy a ir porque soy británico.

Me contestaron:

—¿Cómo es eso de que es británico?

—¡Sí, tengo doble nacionalidad! —les comuniqué.

—Tiene que esperar a tener dieciocho años y en ese momento podrá elegir —me replicaron entonces.

Cuando cumplí los dieciocho, volví al cuartel y les dije:

—Pues eso, que vuelvo para decirles que no voy a entrar en el ejército ni voy a hacer el servicio militar.

Y ellos van y me dicen:

—¡Pero eso tendría que haberlo tramitado antes de tener dieciocho años!

Así que tuve que hacer el servicio militar, pero afortunadamente, gracias al general De Gaulle, que tenía muchos defectos pero también la gran virtud de saber tratar con los revolucionarios argelinos, conseguí varios aplazamientos para terminar unos estudios mediocres hasta el día del armisticio. De Gaulle quería conservar el Sáhara, consideraba importante tener un territorio donde detonar bombas nucleares, y era muy importante que Francia se convirtiera en una potencia nuclear. Ahora el tema nos resbala un poco, pero por entonces la gente creía en esa política. Así que De Gaulle pasó mucho tiempo hablando con el FLN y el GPRA hasta que por fin, en 1962, se llegó a un acuerdo. Acabaron por entenderse, Francia tendría el usufructo del Sáhara, algo así como un inquilino, durante el tiempo necesario para detonar sus dichosas bombas y posteriormente el territorio volvería al seno argelino.

Gracias a este tratado de 1962 pude hacer el servicio militar sin tener que ir a Argelia, presté servicio en calidad de civil y me enviaron a Tailandia como profesor de Ciencias Políticas. Era bastante raro, porque yo no sabía absolutamente nada de eso, pero leí libros de ciencias políticas y de políticos, y estuve dando clase durante un año en Tailandia. Pero resulta que estando allí me encontré con un problema, porque en el país se practicaba el tráfico de seres humanos. En la actualidad la situación ha mejorado, aunque el país sigue teniendo esa asignatura pendiente. Yo hablé del tema y el Gobierno tailandés me expulsó. Consecuentemente, la administración francesa me notificó:

—Se vuelve usted al cuartel.

A mí no me apetecía nada, así que entonces les contesté:

—La verdad es que ya no soy francés en absoluto, solo soy británico y me voy a ir a vivir a Inglaterra o a Suecia, a algún país donde el servicio militar no suponga un problema.

Respuesta de la administración:

—Encontraremos una solución, lo mandaremos a otro sitio.

Así que me despacharon a México y allí descubrí una civilización que me apasionó, y la lucha ecologista que algunos escritores mexicanos como Homero Aridjis mantienen para proteger a las ballenas grises de la Laguna Ojo de Liebre (o de Scammon), en Baja California, y a las mariposas monarca de la Sierra de Michoacán.

# Desde que nací he existido por partida doble

Acabé teniendo una vida de aventuras a mi pesar y no tuve que plantearme la cuestión de la identidad, porque desde que nací he existido por partida doble, era francobritánico. Por otra parte, viví un poco como un nigeriano, tuve la sensación de ser africano y empecé a aprender a hablar en ibo, hablé en *pidgin English,* que era la lengua vernácula de Nigeria, cosa que más adelante me permitió leer a uno de los escritores africanos más sobresalientes, Ken Saro-Wiva, autor de la novela *Sozaboy. Sozaboy* establece un vínculo entre la infancia y la guerra, porque Sozaboy es un niño soldado y habla de los problemas que tiene con otros niños soldado de África. El libro está escrito en *pidgin English.*

En lo que a identidad se refiere, he ido haciendo eses, por decirlo de forma gráfica, he sido como una serpiente o una anguila, me he movido entre las nacionalidades, entre los peligros que suponían todas las nacionalidades, y me he negado a tomar partido en cuestiones políticas. Incluso ahora sigo sin saber quién soy, no sé si pertenezco a la cultura francesa.

En cuestión de literatura, me gusta mucho la literatura inglesa. Stevenson es un escritor al que disfruto leyendo, en particular un libro que recomiendo a los jóvenes, tanto a chicos como a chicas, que se titula *Kidnapped* (*Secuestrado*). Es uno de los grandes libros de la literatura inglesa. Poco después leí a J. D. Salinger, *The Catcher in the Rye* (*El guardián entre el centeno*), y los relatos de la recopilación *Nine Stories* (*Nueve cuentos*), «For Esme with Love and Squalor» («Para Esmé, con amor y sordidez») y, sobre todo, el que para mí es el mejor relato que se ha escrito jamás, «Un día perfecto para el pez plátano». Salinger también fue para mí casi una obsesión. Quería escribir como escribía él. En lo que a identidad se refiere, cuando envié mi primer manuscrito a un editor francés, incluí una breve carta a modo de aviso: «Fíjese bien, esta novela no es un *nouveau roman*». Era absurdo, porque yo quería vincularme más a la literatura inglesa, que no tenía nada que ver con el *Nouveau roman,* que a esa literatura tan sofisticada y abstracta que era la literatura francesa de aquella época. Así que me zafé, hice como un barco que va aprovechando las corrientes y trata de encontrar la mejor ruta posible.

# El pelo largo

A mí se me podría aplicar la expresión «identidad híbrida», aunque sea una expresión que me suena a motor de coche. Soy un compuesto de varias identidades.

Mi familia tiene un remoto origen bretón, por eso el apellido que llevo es un apellido bretón, en lengua bretona. Uno de mis antepasados participó en la Revolución francesa, era soldado revolucionario, luchó en la batalla de Valmy, y en el otro frente, en el ejército enemigo, estaba Goethe. Me imagino a mi tatarabuelo en el bando opuesto a Goethe, participando en la misma guerra. Ese antepasado llevaba el pelo largo, como se llevaba tradicionalmente en Bretaña. Pero los aristócratas también llevaban el pelo largo. Así que un día un soldado revolucionario le dijo:

—Ciudadano, tendrás que cortarte el pelo.

Mi antepasado desenvainó la espada y contestó:

—Tendrás que pasar antes por el filo de mi espada.

La consecuencia fue que ya no podía seguir en el ejército; encontró un lugar donde refugiarse y eligió un barco para ir a la India con su mujer y su hija de seis meses. Pero en el cabo de Buena Esperanza los alcanzó una tempestad tremenda y la mujer de mi antepasado anunció:

—Me bajo en la primera escala. No voy a ir más allá ni tampoco voy a volver, porque esto de ir barco es demasiado espantoso, no quiero volver a coger un barco.

El final del viaje fue Isla Mauricio.

Mi familia nació de estos dos antepasados, una mujer que no quería coger otro barco y ese personaje que se quedó con ella en Isla Mauricio. No se dedicaba a las plantaciones, sino al comercio. Vendía encajes, perfumes, vino, puede que quesos, pero lo que vendía procedía de Francia. Al principio fue prosperando, hasta que invirtió en una nave corsaria. Pero resultó que el corsario al que confió su inversión, que se llamaba Le Même y debía de ser bretón, era un borracho; frente a las costas de la India, la Armada inglesa lo rodeó; la tripulación fue a despertarlo de la borrachera y lo previno:

—Hay unos barcos amenazándonos, deberíamos irnos.

Pero él dijo:

—No, no, dejadme dormir.

Lo capturaron y mi antepasado perdió todo lo que había invertido en la nave. Así que volvió a empezar de cero. Era un aventurero, un comerciante, aún hoy quedan algunos repartidos por el mundo.

# El gusto por la aventura

Mi familia se quedó en Isla Mauricio, pero la generación de mi padre acabó en la ruina por un asunto familiar. Y todos los hombres tuvieron que marcharse. Mi padre intentó estudiar Física e Ingeniería, pero no se le daban lo bastante bien las matemáticas, así que optó por estudiar Medicina. Ahora bien, en ese ámbito había indeseables, los médicos de medicina colonial, porque sabían que les iban a pagar mal y los iban a enviar a países bastante conflictivos. Y resulta que como mi padre, que precisamente había cursado estudios de Medicina Tropical, estaba en el Ejército británico, no era un médico independiente. Lo mandaron a la Guayana británica, y de allí pasó a Nigeria. Yo desciendo de todos esos orígenes. Por parte de mi madre también: eran mauricianos que se establecieron en París y acabaron arruinados igualmente. En esta familia alternamos la prosperidad y la ruina, procedemos de países distintos pero seguimos teniendo algo en común, que a mí me parece que es una especie de gusto por la aventura y una atracción por lo que se puede aprender viajando. Creo que he heredado esos rasgos familiares.

# Identidad nómada

Ahí reside mi identidad: es una identidad nómada. Para aprender, hay que moverse. No viajo para escribir lo que escribo, sino que escribo para poder viajar. No es exactamente lo mismo. Cuando al escribir sitúo la acción en un país, no suelo estar allí. He escrito sobre Isla Mauricio cuando estaba viviendo en París. Pude escribir *Desierto* en el sótano de la embajada de España en París. No estaba ni mucho menos en el desierto. En realidad, no conocía el desierto. Solo llegué a conocerlo gracias a Jemia, mi mujer, que es oriunda del Sáhara, es saharaui. Gracias a ella, gracias a mi suegra, que tenía los mismos orígenes, descendiente de la familia de Sidi Ahmed Laaroussi, aprendí muchísimo sobre el

Sáhara, sobre la vida de los nómadas del desierto, esas personas a las que llaman «hijos de las nubes» porque se pasan la vida siguiendo los nubarrones del cielo a fin de aprovechar las escasas lluvias que utilizan para sus rebaños de dromedarios.

En Marruecos, resulta muy obvio, existe una dimensión mágica. Se nota a cada instante. Hay lugares mágicos, árboles mágicos, hay ríos mágicos. La persona con quien me casé desciende no ya de un mago, sino de un gran sabio, un santo principal de la historia marroquí, Sidi Ahmed Laaroussi. Y este hombre estaba prisionero en Túnez. Para liberarse invocó a Dios, recitó una sura, creo que fue la sura 99, sobre el terremoto: «Cuando sea sacudida la tierra por su terremoto». Entonces apareció un ángel, lo agarró del cinturón, porque entonces se llevaban unos cinturones muy anchos, lo sostuvo en vilo y cruzó con él todo Marruecos hasta dejarlo en Saguía el Hamra (el Río Rojo). En Saguía el Hamra puede verse una roca con las huellas de este santo. Aún se intuyen las huellas que dejó al aterrizar, por así decirlo, en esa roca. Estoy convencido de que Marruecos es un país de magia.

Gracias a mi familia marroquí también supe, en concreto, de la historia de Ma al-'Aynayn, porque estaba emparentado con la familia de los Laaroussi. Esta historia fascinante de Marruecos es digna de mención.

# Una historia personal de Marruecos

Cuando voy a Marrakech, esa llanura rodeada de montañas, no puedo evitar acordarme de Ma al-'Aynayn, que luchaba contra la colonización española y francesa. Su ejército había acampado allí mientras esperaba a poder entablar el último combate contra los invasores. Ma al-'Aynayn había recorrido un camino larguísimo para llegar hasta aquí, era ya muy mayor y estaba cansado, vivió días muy intensos mientras esperaba… Había reunido a sus partidarios, había ido hasta Marrakech para que el sultán de Marruecos le diera el espaldarazo, para recibir su bendición, por así decirlo. Hasta el último momento tuvo la esperanza de que se produjera un levantamiento general que obligara a los invasores a renunciar. Pero las cosas se torcieron, era muy mayor y no logró congregar a los marroquíes; tuvo que huir de la región, lo cual supuso el fin de la resistencia, poco tiempo después. Volvió a Saguía el Hamra, pero, desdichadamente, murió por el camino.

Pude visitar su tumba en Tiznit, donde está enterrado con su mujer. Siento veneración por Ma al-'Aynayn, era un hombre culto que tenía una extensa biblioteca y un ideal en la vida, el de conservar la autonomía, la independencia del país donde vivía. Por tanto, en Marrakech fue donde aconteció el último capítulo de la historia de la resistencia de Marruecos al avance de las fuerzas coloniales.

Los invasores no se marcharon por múltiples razones, pero el recuerdo de esa resistencia perdura, y eso convierte a Marrakech en una ciudad muy particular. Marrakech es la ciudad del espíritu en Marruecos, es una ciudad antigua. Es una ciudad histórica, puesto que ha dado nombre al país, pero también es una ciudad con mucho peso en la historia de la identidad africana.

Tampoco conviene olvidar que Marrakech es un oasis: cuando se cruza el desierto, se llega a Marrakech. Esa esencia del oasis es un elemento importante en la cultura de la ciudad, tiene un hondo significado para la historia, porque la identidad africana se forjó en parte en esta ciudad.

# La geografía y la historia

A lo largo de esta historia, la cultura marroquí no siempre se ha identificado como parte integrante de la historia de África. La mayoría de los marroquíes no se consideran africanos, se identifican con el norte, o puede que con el este, más que con el sur. Y, sin embargo, hay algo que los une. ¿Cómo se explica esta ruptura? Seguramente por la geografía, por el hecho de que al sur de Marruecos haya una tierra de nadie, un lugar vacío, que es el desierto. Bueno, supuestamente vacío; en realidad, hay gente que vive allí. Pero la ruta de los oasis es una ruta difícil, que han recorrido en ambos sentidos los comerciantes que viajaban desde el sur para llevar sus riquezas al norte y los exploradores, que han sido muy variopintos, como Camille Douls, que en 1888 se disfrazó de peregrino musulmán para poder llegar al sur. El sur era Esmara y logró llegar a la ciudad así disfrazado. También lo intentaron otros, René Caillié, por ejemplo, que quiso hacer ese mismo viaje. Mucha gente probó suerte con esa ruta que lleva al sur; existe, pero es complicada. Explica, en efecto, por qué en Marruecos te sientes algo ajeno a todo lo que sucede en el sur.

La segunda razón de ese distanciamiento quizá no tenga tanto que ver con la geografía como con una ruptura fruto de la historia, y en particular de la colonización: en efecto, a las potencias colonizadoras les interesaba más la costa que lo que sucedía en el sur. A lo largo de la costa fue donde se establecieron las potencias colonizadoras: los españoles, los portugueses, los franceses y, algo más tarde, los alemanes trataron de afincarse allí. Estaba claro que lo que les interesaba era la costa. Se olvidaron de las fuerzas que les oponían resistencia y de la identidad del sur, hostil a la colonización, que existe en Marruecos. Prueba de ello es la marcha de Ma al-'Aynayn hasta Marrakech. No cabe duda de que la capacidad de resistencia es la contribución de Marruecos a la autenticidad original de África.

# Lo que puede hacer la literatura

En este mundo tan alterado en el que vivimos, a menudo me pregunto para qué sirve la literatura. Un escritor irlandés famoso por su ironía, Oscar Wilde, autor, por cierto, de un poema admirable que denuncia la pena de muerte, *La balada de la cárcel de Reading,* escribió en el prefacio de su novela autobiográfica *El retrato de Dorian Gray:* «All art is perfectly useless», todo arte, incluida la literatura, es perfectamente inútil. Esta afirmación un tanto despectiva se puede interpretar de varias formas. La literatura es inútil, pero quizá pueda alcanzar la perfección, en el sentido de que, en tal caso, sería «perfectamente inútil». Es inútil, pero, incluso en su inutilidad, sabe ser perfecta. La alternativa sería que la perfección no existe, y que todo lo que pretenda alcanzarla corre el riesgo de ser inútil.

A esta afirmación despectiva, cuando no destructiva, responde Lu Ji, un poeta chino de finales del siglo III de nuestra era, en su *Prosopoema del arte de la escritura:* «La utilidad de la literatura consiste en poder expresar la Razón natural de las cosas. Para que esta se expanda a través [de diez mil *li*] y nada pueda constreñirla, o para que viaje por la eternidad, atravesando el puente de todas las edades». El *li* es una medida que equivale aproximadamente a seiscientos metros, o sea, una distancia modesta. Al cabo de una larga historia cuajada de errores y arrepentimientos, no siempre es fácil contestar la pregunta de qué puede hacer la literatura. A pesar de todos sus anhelos, no ha podido impedir los hechos que corroen la historia humana, no ha sabido detener la trata de esclavos ni los crímenes de la colonización, no ha sabido impedir las guerras, no ha sabido prohibir las manifestaciones de odio ni las injusticias, ni siquiera ha opuesto resistencia a la degradación del medioambiente, de la naturaleza.

# Nuestra necesidad de consuelo

Puede que en alguna ocasión la literatura haya dado voz a las grandes aspiraciones de consuelo encarnando los sueños de infancia, el amor, la esperanza en un mundo mejor o el gusto por la belleza. Pero vamos a procurar no caer en el angelismo. La literatura (que abarca la novela, la poesía, el teatro y ahora también la canción) no puede ser una colección de buenos sentimientos ni una antología de reglas morales. Sí que es, en cambio, un testimonio, la medida de una época, a veces una crítica de esa misma época. El escritor es un testigo, no en un juicio (¿quién sería el fiscal en un juicio así?) sino en una investigación, trata de entender mejor los desafíos de nuestra modernidad.

El más pesimista de los escritores modernos, el sueco Stig Dagerman, se pasó toda la vida buscando esa especie de inocencia milagrosa que le permitiese sobrevivir a la destrucción y a las maldiciones de los tiempos modernos; y lo puso por escrito en su novela *La serpiente*, o en ese breve ensayo tan hermoso titulado *Nuestra necesidad de consuelo es insaciable...* Este texto justifica el arte literario incluso en su imperfección.

Pero fue un ensayo periodístico, de hecho un diario de actualidad, lo que le sirvió a Stig Dagerman para demostrar el papel testimonial de la literatura. Después de la guerra, los periódicos estadounidenses le encargan que escriba un reportaje sobre la situación de Berlín tras los bombardeos aliados. Este hombre, un pacifista convencido, recorre la capital alemana destruida. La destrucción que está sufriendo ahora mismo Ucrania, la que ha arrasado Siria, extendiéndose a veces hasta África, guardan un paralelismo perfecto con lo que vivió el pueblo de Berlín nada más acabar la guerra. Dagerman va por la ciudad devastada, conoce a gente, habla con ella y les pregunta a esas personas qué sentido le encuentran a la vida: ¿en qué pueden creer? Pero resulta que ellas solo se preguntan una cosa: cómo encontrar agua y comida, cómo encontrar refugio y, sobre todo, cómo escapar de la vindicta del Ejército Rojo que está a las puertas de la ciudad y de los posibles juicios que intentará celebrar el Ejército estadounidense. Están en la situación desesperada de los verdugos convertidos en víctimas, no todas han participado en los crímenes de guerra, pero sí participaron en la elección del tirano que causó la guerra. Así pues, se sienten responsables, pero, simultáneamente, sus propios problemas están muy por encima o muy por debajo de cualquier otra cosa: ¿cómo sobrevivir? Con mucha crueldad, Stig Dagerman cuenta la historia de esos berlineses en busca de familias judías que hayan sobrevivido a la guerra para conseguir un certificado de buena conducta, porque es la única forma que tienen de escapar a la justicia que puede abatirse sobre ellos. La cobardía de las víctimas es de lo más comprensible, pero, en el fondo, lo que aflora es la verdad humana.

Este testimonio de Stig Dagerman es una gran obra literaria. Creo que de todas las obras que condenan la guerra y la violencia que engendra, esta es una de las más grandes. La literatura puede hacer algo cuando empuña las armas del periodismo para transmitir los problemas que se conocen, los problemas de actualidad. El libro se titula *Otoño alemán*. Quedó aparcado después de la guerra y se publicó cinco o seis años después del armisticio, porque la situación se había despejado un poco y la gente había aceptado ver la realidad, a saber, que los alemanes padecieron la guerra en la misma medida que el resto. Este era un hecho que no se quería admitir. A veces la literatura desempeña ese papel, el de buscar la verdad.

Otro gran escritor que habló sobre la guerra fue el poeta Goethe, que llevó un diario de la *Campaña de Francia*. Goethe sabía hablar francés; cuando estaba en el bando prusiano, le llevaron a un prisionero, un muchacho de catorce años, un francés al que habían apresado los alemanes. Como sabe francés, le piden ayuda para interrogar al joven prisionero. Cuando Goethe se dirige a él, le pregunta:

—Pero ¿por qué estáis en guerra?

El muchacho lo mira y le contesta:

—Porque la sopa que comemos nosotros, señor, está bien buena.

Lo que da a entender: vosotros, los alemanes, no coméis más que porquerías. A Goethe le conmovió tantísimo el coraje de aquel muchacho que escribió: «Entonces comprendí que la alianza entre prusianos, alemanes e ingleses sucumbiría al Ejército revolucionario. Fue entonces cuando comprendí que esa guerra estaba perdida, que los revolucionarios ya la habían ganado y los aliados ya la habían perdido». Porque el muchacho tenía el coraje de dar esa respuesta, se arriesgaba a que lo fusilaran, pues al fin y al cabo era un prisionero. Así pues, en este texto la literatura hace gala de su poder, de su capacidad de resistirse a los acontecimientos y de transcribir lo que tienen de cierto.

# Poesía o guerra

De una época a otra, la luz de la clarividencia brilla entre las líneas de la literatura. Al leer la poesía de Jayam, los cuentos de Rūmī… es esa emoción la que nos sobrecoge, la que nos permite comprender lo actuales que son a pesar de los siglos transcurridos.

Uno de los mayores poetas de la literatura universal es posiblemente el japonés Ryōkan, al que llamaron el «monje loco» porque vivía solo en una choza en la montaña y bajaba de vez en cuando donde estaban los hombres para bailar en la plaza y darles caramelos a los niños. En el mundo islámico también hubo personajes análogos. Los sufíes se dirigían a los niños y bailaban igualmente. Era una forma de expresar lo que querían decir. La poesía, la danza y los ojos de la infancia. Así pues, el arte poético de Ryōkan es muy sencillo. «Cuando no escribo poemas es cuando soy poeta», afirma. Cómo no imaginar a su lado a los sufíes o a Francisco de Asís, que hablaba con las flores y las aves.

Esa es la esencia que me gusta encontrar en los artistas de hoy, como en Marrakech, en las obras del colectivo Les Étoiles («Las Estrellas») de Jamaa el Fna; en el fondo son esos niños, procedentes de la calle, quienes satisfacen la necesidad de poesía, los que prestan su fuerza a la poesía y a la literatura. La literatura, la poesía sacan la fuerza de los que creen en ellas. Si nadie cree en la literatura, esta no tiene ningún poder, y entonces volvemos a la famosa frase de Goering: «Cuando oigo hablar de cultura, saco la pistola». Si no hay cultura, la que habla es la violencia de las armas.

# Del amor y de los techos

A lo largo de los años que he vivido, he escrito cuentecitos como los que recoge la antología *El amor en Francia*, que he publicado recientemente; la idea de dar vida a esos relatos se la debo a un marroquí al que conocí en Francia cuando remocé los techos de mi casa, porque resulta que nadie hace los techos como los marroquíes, incluso podría decirse que es el arte marroquí por excelencia. Creo que existe una cofradía, la de los Naqshbandi, que se dedica a hacer techos. Resulta que aquel hombre vivía en Niza y su familia se había quedado en Tata, un pueblo que linda con el desierto. Él había emigrado desde Tata, había dejado allí a todos los suyos para venirse aquí a trabajar en la construcción. Así fue como lo conocí. Era un hombre muy distinguido a pesar de vivir en condiciones muy duras. Hablo de él porque en sus ratos libres, para expresar su fe, este hombre hacía techos; era muy creyente, pero, al margen de la religión, lo único que le levantaba el ánimo era el amor que sentía por su mujer. El caso es que por aquel entonces una revista de la Unesco estaba preparando un número especial dedicado al amor y me encargó que hablase sobre el amor en Francia. Decidí mostrar a aquel hombre, un emigrado, más concretamente un inmigrante en Francia, especializado en techos, que cuando volvía a casa se dedicaba a pensar en su mujer. Toda su existencia estaba volcada en su mujer, llamada Houria, que significa «libertad», y en su familia, sus hijos. Solo vivía para eso. La gente que lo contrataba ignoraba por completo esa faceta de su vida, y a mí me conmovió mucho aquel hombre que era a la vez tan sencillo y tan instruido, capaz de hacer profundas reflexiones sin dejar de cultivar el arte de hacer techos. Me parece que si pensamos en el ideal de la crea-

ción poética (de cualquier creación, en realidad),
la perfección de un techo liso o decorado con es-
tucos tiene algo en común con la práctica de la lengua literaria.

# Transición

Pensar en lo que puede hacer la literatura en la época actual, que está cuajada de egoísmos y de violencias, me lleva al principio de la década de 1930 en Europa, en Estados Unidos y en la Rusia soviética. Había nacido una corriente literaria que se llamó «literatura comprometida». Era una particularidad muy francesa, pues en inglés se optó por un nombre más modesto como «commitment, committed literature». La literatura que, en cierto modo, firma un contrato con la sociedad. Esa corriente cuyos representantes eran escritores y artistas de origen diverso llegó a tener abundantes y prestigiosos héroes como Steinbeck o Erskine Caldwell en Estados Unidos, Sartre y Camus en Francia... Además, los escritores eran militantes que defendían los derechos de las minorías, se manifestaban en la calle y firmaban peticiones.

Esto duró una temporada, y después de la guerra el movimiento decreció. Decreció quizá porque decepcionó. El movimiento no satisfacía a todo el mundo. Los compromisos y las manifestaciones no desembocaban en hechos. Steinbeck, por ejemplo, apoyaba los derechos de los inmigrantes procedentes del sur, pero en Estados Unidos la discriminación racial y el cierre de las fronteras se convirtieron en norma. Conviene recordar que el tema de las fronteras no es reciente en Estados Unidos. El propio Barack Obama, que fue un gran presidente, llegó a cerrar las fronteras y a deportar a inmigrantes, mandándolos al otro lado de la frontera.

En el transcurso del siglo, a los recién llegados se les fueron concediendo derechos, en particular mediante un tratado que se denominó *Patriot Act,* la ley patriótica, que otorgaba la nacionalidad estadounidense a cambio del alistamiento en las Fuerzas Armadas para mantener el esfuerzo bélico en Vietnam, Irak o Corea. Hay que reconocer que era una forma extraña de entender el compromiso a través del reclutamiento. Se trataba de comprometerse con el ejército para obtener una documentación a cambio.

En Francia no existió ninguna *Patriot Act,* pero la literatura comprometida tampoco resultó satisfactoria, porque los grandes autores de literatura comprometida no se pronunciaban sobre determinados temas. Sartre tuvo muchos titubeos a la hora de condenar la tiranía soviética, y Camus se mostró muy evasivo con el tema de Argelia. Escribió libros absolutamente magníficos, pero cuando le preguntaban: «¿Qué opina sobre concederles la libertad a los argelinos?», él, que había nacido en Argelia, contestaba: «Ahora mismo están poniendo bombas en los tranvías de Argel. Mi madre podría estar dentro de uno de esos tranvías. Si la justicia consiste en eso, prefiero a mi madre». Aquello en el fondo significaba que elegía a su comunidad, y resultaba muy decepcionante para quienes creían en él. Por lo demás, es incuestionable que inspiró a su generación y a las que vinieron después.

# El viaje vertical

Aunque la literatura comprometida al final se quedase en una mera ilusión que acabó desapareciendo, no por ello dejó de provocar cosas. Para empezar, permitió que se abriera un paréntesis en la literatura; en Francia, pero también en Alemania, Inglaterra y, en mucha menor medida, en África, fue lo que en aquellos años se dio en llamar el formalismo. En Francia, ese movimiento llevaba el nombre de *Nouveau roman,* «nueva novela». Era *nueva* sencillamente porque contradecía las ideas sartrianas, las ideas camusianas, porque desdeñaba el compromiso; ya no se trataba de compromiso político, sino de una especie de arte por el arte, de un lujo, la literatura servía para investigar; ahora bien, la valía de este descubrimiento adopta una forma específica, que es el viaje vertical. No se trata del viaje horizontal, no se viaja en el mundo real, se viaja en el mundo vertical, que es nuestro mundo interior. Esta literatura también tiene su mérito, no cabe duda, y a lo largo de dicho viaje se hicieron descubrimientos muy hermosos.

Pero yo creo que ese movimiento no caló, o si acaso muy poquito, en un continente como África, donde la realidad era muy potente, muy fuerte, era una llamada constante, a cada momento se te conminaba a tomar parte, cuando no a tomar partido, los grandes escritores no podían atrincherarse en su fuero interno, no podían permitirse el lujo de aislarse.

Para leer de la forma en que se hace en los países prósperos, hay que tener un cuarto donde aislarse, hay que tener tiempo, pero lo cierto es que en África nadie tiene tiempo de leer ni de aislarse, ya sea porque en el mismo cuarto duermen varias personas, ya sea porque en el de al lado hay una radio o una televisión puesta; así que resulta muy difícil, cuando no imposible. De ahí que la literatura aparezca como una lucha conjunta contra los requerimientos del mundo exterior, pero también en sintonía con estos.

# Una forma de lucha

El movimiento del arte por el arte concluyó a finales de la década de 1960, cuando yo empecé a escribir ya estaba en sus momentos postreros. Esa etapa permitió que emergiera una nueva forma de expresión. Una voz nueva pudo expresarse en países que habían quedado excluidos del arte literario durante mucho tiempo.

En Asia, en Latinoamérica, en África, algunos escritores jóvenes recogieron la antorcha de la literatura comprometida para seguir combatiendo. Corea pudo contar con los y las novelistas que habían nacido al final de la guerra. Me refiero en concreto a Hwang Sok-yong, el autor de *Crónica del señor Han* y *El camino de Sampo,* o a Lee Seung-u, autor de ese libro extraordinario contra la militarización que es *La vida secreta de las plantas*. Son libros comprometidos. Los escritores chinos como Lao She, Bi Feiyu o Mo Yan han insuflado en sus novelas la mentalidad rebelde y la experiencia que adquirieron durante la época de atropellos de la Revolución Cultural. En Vietnam, novelistas como Anna Moï maduraron su universo imaginario en el exilio.

En México, el novelista Juan Rulfo escribió una obra breve y magnífica sobre la guerra fratricida que enfrentó a los rebeldes cristeros con las fuerzas armadas del Gobierno marxista. En Perú, el novelista José María Arguedas encarnó en sus novelas la rebelión de los campesinos amerindios con una lengua plural que entremezclaba sarcasmos y desesperación. En el microcosmos de las culturas insulares, en Isla Mauricio, en las Antillas, en Vanuatu, la literatura solo podía adoptar esa forma de lucha, para afirmar una identidad contra el abuso y la servidumbre en una época en la que las grandes mentes ya no eran Sartre ni Camus, sino Frantz Fanon, Aimé Césaire, Édouard Glissant, Maryse Condé, Déwé Gorodé o Marcel Cabon.

# *Llanto por la tierra amada*

Porque tengo vínculos familiares con la República de Mauricio, me parece que es en África donde mejor se ha desarrollado el movimiento del nuevo compromiso, sorteando incluso la doble dificultad del poscolonialismo y de las tiranías recientes. ¿Será esta la siguiente etapa lógica de la evolución de la literatura en unas comarcas donde aún no se había empezado a escribir realmente? Reducir esta eclosión de la literatura africana a la posibilidad, heredada de la época colonial, de acceder a la edición, a la escritura y a la formación seguramente sería simplificar un poco la historia.

Por todas partes, África fue el continente donde emergieron lo imaginario, el cuento y la alegoría. El

África sahariana es uno de los lugares de ensueño de esta creación literaria. Las que suelen denominarse «bibliotecas del desierto» fueron el depósito de la creación poética, de la ciencia, de la inteligencia, en lugares como Tombuctú, Ualata o Esmara, que ahora pertenece a Marruecos. En época reciente se han destruido numerosas bibliotecas, tanto durante la conquista militar francesa de Esmara como a manos de las tropas españolas en Saguía el Hamra, o incluso como consecuencia de los enfrentamientos con las milicias de Al Qaeda, como sucedió recientemente en Tombuctú. De norte a sur, de este a oeste, la literatura ha sido la gran pasión del continente africano.

Desde Sudáfrica, que cuenta con un novelista como Alan Paton, autor de *Cry, the Beloved Country* (*Llanto por la tierra amada*), hasta J. M. Coetzee, autor de esa magnífica novela que es *Desgracia,* y, un poco más tarde, Ahmadou Kourouma, autor de *Esperando el voto de las fieras,* y ese contemporáneo nuestro que tanto me gusta, Abdourahman A. Waberi, autor de un magnífico libro titulado *Aux États-Unis d'Afrique,* un libro visionario. En todas las modalidades, con todos los recursos de las lenguas vernáculas, de la herencia mítica, de las amarguras y de la esperanza, la literatura africana ha metido el dedo en la llaga de la indiferencia, ha trastocado los valores y ha creado un nuevo auge lejos de las academias y los compromisos.

# Los mercados contra las embajadas

Zina Saro-Wiwa, hija de uno de los grandes novelistas africanos, Ken Saro-Wiwa, autor de la extraordinaria novela *Sozaboy,* denunció el hecho de que, en ocasiones, África comete el fallo de caer en la subversión y la seducción del colonizador, que impone su lengua por encima de todas las demás y ha propagado una sobornación desastrosa mediante el dinero. A ese fenómeno en su conjunto lo denomina «el arte de las embajadas». Lo contrapone al de las embajadas del arte africano espontáneo, que es el de la palabra, pero también el de los libros.

Ahora bien, no hay que olvidar que Nigeria, donde vive Zina Saro-Wiwa, es el único lugar del mundo donde existe, igual que existen los mercados de verduras, un mercado de novela, concretamente en la ciudad de Onitsha. Allí la gente publica, a menudo por cuenta del autor, novelitas que no tienen necesariamente un gran valor literario y narran problemas de la vida cotidiana. Pondré un ejemplo: una de las novelas más leídas en Nigeria, escrita en inglés aunque también podría estarlo en ibo, cuenta los sinsabores de una chica que quiere fumar. A ella le gusta fumar, pero su familia se lo tiene prohibido, y ese es el tema de la novela que se vende en el mercado de Onitsha.

En su denuncia, Zina Saro-Wiwa insiste en el hecho de que la literatura debe liberarse de la tutela colonial y de la rapiña del dinero. Es preciso encontrar otros medios. Es preciso liberarse rechazando las ayudas por la mera voluntad de ser independientes y por la capacidad que tienen los pueblos africanos de trastocar los valores y voltear las injerencias. Los grandes autores de la literatura africana han demostrado tener esa capacidad de independencia, como es el caso de los escritores magrebíes Dris Chraibi, Lounès Matoub, Mohammed Khaïr-Eddine y Mohammed Dib. De los novelistas actuales, hay que leer a Sami Tchak, que en todas sus novelas denuncia sin concesiones la violencia que ha padecido África, y en concreto un libro que me parece admirable titulado *Al Capone le Malien.* Es un libro tremendamente duro, feroz, pero que no ha leído tanta gente como se merecería.

He aquí lo que ofrece esta literatura que nació durante la guerra de independencia, siempre con la esperanza de seguir liberándose de los viejos demonios y de la tiranía. Al igual que *Le Silence des dieux,* la hermosa novela que el argelino Yahia Belaskri acaba de publicar y que describe la resistencia de un pueblecito sometido a la tiranía de un falso hombre santo que en realidad es un estafador. Son las mujeres de ese pueblo argelino las que se rebelan contra el estafador que utiliza la religión para tiranizar al pueblo; tiene a los vecinos encerrados, pero logran liberarse y las mujeres los conducen allende, es decir, hacia la vida. Se liberan de la tutela de las mentiras.

También me ha impresionado una fábula hilarante recién publicada en Marruecos, obra del marroquí Driss Jaydane, titulada *Moïse de Casa.* En la literatura contemporánea hay muy pocos libros divertidos, pero este es uno de ellos. Y a través de este marroquí la que habla es la auténtica identidad africana.

La nueva literatura llamada participativa o comprometida tiene otra vertiente: la antorcha que algunos escritores han recogido hace poco no solo pertenece a África, sino que ahora brilla todas las noches por el mundo entero, y seguramente es el emblema de un combate antiguo que aún no se ha consumado. Es la que empuñan la novelista vietnamita Anna Moï en *Le Venin du papillon,* por ejemplo, o la poetisa china Jae Yang-Min en el poemario titulado, sencillamente, *Mujeres.*

Porque de eso se trata, del derecho de las mujeres a escribir y contar su versión de las cosas, a ser egoístas, impúdicas, desabridas, no para ocupar el lugar de los hombres, como a estos les gustaría que se creyera a veces, sino para volver a ponerlos en su lugar; se trata también del derecho a amar, a forzar al respeto, a inventar otro modelo de sociedad donde las mujeres ya no sean tan solo cocineras o musas, putas o madres admirables, sino ellas mismas, sencillamente ellas mismas.

¿Será una azarosa casualidad que la mayoría de las escritoras de ahora hayan nacido en esta África nueva coincidiendo con la caída de los imperios tutelares? En Túnez, Argelia, Senegal, Sudáfrica, Egipto o Mozambique, se llaman Fawzia Zouari, Aminata Sow Fall, Chimamanda Ngozi Adichie, Léonora Miano, Awa Thiam, Mariama Bâ, Assia Djebar, Salima Senini, Paulina Chiziane, Charity Waciuma y Grace Ogot, y hay que sumarlas a todas las que hoy representan las voces femeninas en el ámbito africano. Estoy pensando tanto en Ananda Devi y Priya Hein en Isla Mauricio como en Gisèle Pineau, Edwidge Danticat y Suzanne Roussi-Césaire en las Antillas, pasando por Nélida Piñón en Brasil. Lo que nos cuenta esta nueva literatura de testimonios, combate y reivindicaciones incumbe a toda la humanidad, al margen del sexo, el origen, la religión y el color de la piel de quienes, ellas y ellos, la están inventando.

# Vivir juntos

En relación con la pregunta de si el arte puede hacer
algo, a la que el sarcasmo de Oscar Wilde se negaba
a responder, a mí me gustaría más bien remitirme a
cómo lo define el artista, creador, poeta y novelista Mahi Binebine, que sencillamente expresa la necesidad que tenemos de tratar con nuestros vecinos.
África, ese continente al que la historia fracturó y
maltrató, y que, mientras estamos hablando ahora,
sigue sometido a las incertidumbres de la suerte, a las
guerras fratricidas y a las injusticias sociales, ese continente que debe luchar para sobrevivir y que se en-
frenta a las necesidades casi insalvables de conjugar
el desarrollo con el equilibrio ecológico, necesita la
literatura, porque la literatura es su mejor punto de

encuentro, a través de la creación, el bagaje de la imaginación y la herencia cultural. Los hombres y mujeres de este continente necesitan conocerse y reconocerse.

La literatura, al trascender fronteras, permite ese conocimiento y ese reconocimiento. A través del intercambio y de la aventura dejamos de ser forasteros, compartimos sueños, ideas, palabras y sentimientos. Aprendemos a ser lo que desea el novelista y pintor marroquí Mahi Binebine, vecinos, y, quién sabe, quizá algún día, aquello a lo que aspiraba el gran Martin Luther King en su famosa sentencia: «Hemos aprendido a nadar como peces, a volar como pájaros, pero no hemos aprendido el sencillo arte de vivir juntos como hermanos». Gracias a la literatura, gracias a esas múltiples voces, tenemos las armas adecuadas para luchar contra todos aquellos que, a pesar de las enseñanzas de la historia, se visten hoy con los harapos agujereados del racismo y la xenofobia.

Es en África donde se ha recogido la antorcha de la literatura comprometida. La han recogido con mano firme, con mano vengadora en ocasiones, pero con gran osadía y coraje. Creo que la literatura en el continente africano tiene una verdadera misión. Lo cual no significa que en Europa no la tenga, pero se ve atenuada por una perturbación fruto de las ideologías tan contradictorias que han transitado por allí y que, desdichadamente, aún siguen presentes en Europa, unas ideologías de consecuencias tan graves como las del islamismo. Estas ideologías radicales son asesinas y violentas. No cabe duda de que la literatura en Europa tiene su parte de responsabilidad en la lucha contra estas ideologías.

## «Los salvajes sois vosotros»

La idea del compromiso me vino de mi padre, pero también tengo presente lo que contaba mi madre; cuando se casó, aceptó marcharse de Francia e irse a vivir a África para acompañar a su marido. Todos sus amigos reaccionaron con comentarios como:

—Pero vas a vivir en un país de salvajes.

Ella les contestó:

—Los salvajes sois vosotros, seguro que en África aprenderé muchas cosas.

Quería decir que lo que realmente le parecía salvaje y una auténtica carencia de civilización eran la cortedad de miras, el egoísmo y la indiferencia de sus amigas parisinas. Recibí de mi madre y de mi padre lecciones vitales que pongo en práctica como puedo en lo que escribo.

Así pues, escribir es actuar, y tengo empeño en que la palabra «actuar» sea mi motivo, porque el escritor se pasa la mayor parte del tiempo sin actuar, es alguien estático por naturaleza, es una persona que vive encerrada hasta que de vez en cuando sale y se sorprende de ver que el mundo existe y capta todo lo que pasa en la calle, a su alrededor, para convertirlo, de algún modo, en un botín. Pero se trata de una participación que puede resultarle insuficiente, cuando no frustrante. Ese es el sentimiento que expresa Oscar Wilde en la frase desencantada que he citado anteriormente. Y el responsable de la sensación de fracaso que aparece en los escritos políticos de Stig Dagerman. La única forma de actuar que tiene el escritor es escribir, y es entonces cuando escribir se convierte en un auténtico compromiso social.

Escribí *Pawana* después de leer un libro que escribió Charles Melville Scammon, un famoso cazador de ballenas de finales del siglo XIX, converso a la protección de las ballenas. Su libro, *Marine Mammals of the Southern Seas* («Mamíferos marinos de los mares del Sur»), es un testimonio de la belleza y la fuerza vital de estos animales fabulosos que por aquel entonces estaban al borde de la extinción. El combate de Scammon inició un nuevo capítulo a principios de la década de 1970, coincidiendo con la guerra económica que los protectores de las ballenas emprendieron contra las grandes empresas industriales. En el caso de las ballenas de la Laguna Scammon, lo que las destruía no era el petróleo sino la sal: la producción de sal marina destruía la fauna, porque las ballenas en particular necesitan parir a sus crías en una laguna donde el agua sea más salada para que los recién nacidos puedan flotar y no tengan que hacer un esfuerzo para respirar. Pero resulta que aquel lugar lo habían tomado empresas como Mitsubishi, que no se dedicaba a fabricar coches, sino a distribuir sal. Los empresarios de Mitsubishi querían establecerse precisamente en esa laguna.

Me preguntaron: «¿Qué puede hacer usted para contribuir a la lucha?». Yo lo único que sé hacer es escribir, de modo que he escrito un librito para contar la destrucción de esta fauna, de esta laguna mexicana. Si puedo llevar a cabo alguna acción, será únicamente a través de los libros. Siguiendo con la intención de que las palabras puedan servir a una causa, la que sea, pero una causa que me parezca justa, por ejemplo a favor de esos desheredados que son las personas mayores y los niños en las guerras, o a favor de la flora y la fauna que son nuestra casa. Esas son las dos metas por las que escribo.

# Conocer y reconocer

Si la literatura tiene alguna utilidad, no es otra que la de cambiar la forma que tenemos de mirar el mundo, para incitarnos a ver lo que ignoramos, lo que en ocasiones desdeñamos. Sería pues, si me permito aplicar a la literatura un término utilizado en psicología, una extrospección. Adoptar una mirada ajena para entender mejor lo que nos rodea. La pregunta que plantea el escritor y que nos anima a cuestionarnos. Por eso insisto en el hecho de conocer y reconocer. Si la literatura tiene alguna utilidad, es que nos permite conocernos, conocer a los demás, conocer el mundo, conocer la vida, conocer la física, por qué no, conocer las ciencias, conocer las dimensiones de lo que nos rodea, y reconocernos en ese acercamiento, saber quiénes somos y también saber reconocer a los demás como parte integrante de la humanidad. Pertenezco a un movimiento llamado L'Interculturel (La Intercultural) que tiene mucha fuerza en Isla Mauricio. El doctor Issa Asgarally, su mujer y yo hemos creado una fundación por la interculturalidad y la paz. La FIP. Gracias a ella podemos actuar a pequeña escala, en el ámbito de Isla Mauricio, esencialmente organizando encuentros de niños en los colegios, porque la segregación empieza desde los primeros años de la infancia.

En Isla Mauricio conviven tres grupos humanos que no coinciden prácticamente nunca. Son los descendientes de europeos, entre los que me encuentro yo, los descendientes de indios y los descendientes de africanos. Casi nunca se casan entre sí. Pero el colegio es un medio para establecer contacto. Así pues, lo que intentamos es conseguir que los niños de las escuelas europeas y de las escuelas indias vayan a visitar las escuelas de origen africano, es decir, criollas. Repartimos libros e intentamos animar a los niños a que se relacionen. Los encuentros también tienen propiedades terapéuticas, porque los niños criollos, de origen africano, que en su mayoría son descendientes de esclavos, pertenecen al nivel más bajo de la escala social. No tienen recursos, no tienen futuro, muy a menudo no tienen oficio y enseguida caen en las garras de la delincuencia, la prostitución, el robo o el tráfico de drogas. Así que hay que actuar llevándoles libros, animándolos a comunicarse verbalmente, animándolos a expresarse mediante el arte.

La danza es una forma de expresión extraordinaria; hay grupos que practican danza, danza moderna, breakdance, y otros que se dedican a la danza tradicional, bailes locales; al mover el cuerpo y sentirse orgullosos de mover el cuerpo, acaban sintiéndose orgullosos de ser quienes son, y en ese momento adquieren confianza para vivir. No deja de ser bastante utópico, de momento los avances son discretos, pero tenemos esperanza. Isla Mauricio se está convirtiendo en un laboratorio.

# El mundo de los indeseables

Los criollos son los indeseables de Isla Mauricio, no se los ve; quise hablar de ellos en el libro de relatos *El amor en Francia*. Ya no hay intocables, la República de Mauricio consiguió abolir a los intocables, que eran los parias de la sociedad india. ¿Por qué? Porque, dado que la mayor parte de la población india de Isla Mauricio proviene de los intocables, su primera medida fue eliminar esta casta. Sin embargo, aún sigue habiendo indeseables, son los criollos descendientes de esclavos, que no han logrado superar este obstáculo; nunca los ha ayudado nadie, lo cual ha dado origen a antagonismos muy violentos. En 1999, la policía, que en Isla Mauricio es de origen indio y muy estricta, detuvo a Kaya, un cantante de seggae (una mezcla de *séga* y de *reggae)* por haberse fumado unos porros. Lo mandaron a la cárcel, donde lo golpearon y murió. La población criolla se sublevó, surgió un movimiento de insurrección que enfrentó a indios y a criollos. En ambos grupos étnicos había armas, armas de fuego en unos casos, machetes para cortar caña en otros, todo el mundo temía que hubiese un baño de sangre. Afortunadamente, por aquel entonces el presidente de Isla Mauricio era Cassam Uteem, de confesión musulmana. Tuvo el coraje de plantarse en medio de los asaltantes, llegó al campo de batalla en helicóptero y se dirigió a ellos en estos términos:

—Estáis locos, estamos en una isla, si empezamos a matarnos unos a otros, en poco tiempo no quedará nadie. Daos la mano, recuperad la unidad, sois todos hijos de Isla Mauricio, tenéis que uniros y daros la mano.

Los mauricianos, que son de naturaleza más bien ingenua (como yo), le hicieron caso y se cogieron de la mano para formar un corro en torno a la isla. Isla Mauricio tiene una superficie muy extensa. Se cogieron literalmente de la mano alrededor de la isla y volvió la paz. Aunque fue algo provisional, porque los problemas siguen sin resolverse, nadie les ha devuelto el coraje a los criollos.

Los indeseables mauricianos siguen existiendo de forma endémica. Y no tienen derecho a decir nada. Por eso hay que animarlos a que hablen, a que bailen, a que toquen música, a que hagan teatro, es la única forma, la cultura es el único lugar de encuentro. Si no nos encontramos en el campo de la cultura, nos encontraremos en el campo de batalla.

Y hablando de utopías, no querría dejar de mencionar un proyecto que recientemente ha empezado a cuajar en Isla Mauricio, más concretamente en Isla Rodrigues. Hablo un poco de él en un extenso relato titulado «Anverso», incluido en el libro que acabo de mencionar. Este proyecto surgió de una idea ya antigua que se le ocurrió a un escritor danés llamado Nikolai Frederik Severin Grundtvig, que en 1870 inventó el concepto de «universidad popular». En 2017 yo estaba en Isla Rodrigues, cuando la agrupación de mujeres del Centre Carrefour (conocido bajo el nombre de su fundadora, la señora Antoinette Prudence, que fue una de las militantes por la autonomía de Isla Rodrigues) decidió poner en marcha la Universidad Popular de Isla Rodrigues para promover la educación entre un sector de la población que no tenía acceso a ella. El hecho de que este proyecto haya surgido en Isla Rodrigues no es baladí, porque evidencia el importante papel que desempeñan las mujeres de la vida civil (maestras, enfermeras, orientadoras de estudios) en una isla que dirigen mayoritariamente hombres procedentes de la política central de Isla Mauricio. Estas mujeres, inspiradas por Antoinette Prudence (que desgraciadamente falleció en 2007) se llaman Franchette Gaspard Pierre Louis, Marie Lourdes Léveillé, Elsa Lisette o Myriam Narainsamy. Su iniciativa puede parecer utópica, como la de la FIP, pero les brinda un futuro a los habitantes de la isla. Sería maravilloso que la literatura del mundo les proporcionase un eco, un apoyo...

# Leer es escribir

Lo que la literatura puede hacer incumbe tanto a los lectores como a los escritores. Ser lector y ser escritor es una misma cosa. Los escritores son lectores y los lectores, al leer los libros, los reescriben mentalmente, los interpretan, de modo que se trata de un arte común, el arte del lenguaje. ¿Y qué puede hacer el lenguaje? Dar nombre, quizá, esa es la finalidad del lenguaje; si no lo fuera, ¿de qué serviría hablar? Los animales no necesitan hablar, porque viven en el presente y no precisan nombrar lo que están viviendo. Los seres humanos, por razones que ignoro, cuando le han dado un nombre a una acción, una idea, un sentimiento, una persona o una obsesión, lo convierten en algo que les resulta familiar, y desde ese momento les inspira confianza.

La literatura también ayuda a luchar contra el tiempo. No voy a decir que el lenguaje sea eterno, pero sí que dura más tiempo que los hablantes. Los hablantes tienen una vida bastante breve, pero el lenguaje dura y se modifica a lo largo de varias generaciones. Estoy pensando en Marruecos, un país multicultural y plurilingüístico, al que además le gustan las lenguas. Allí se aprenden y se hablan multitud de lenguas distintas. Y en todos los niveles de la sociedad, no solo entre la gente de la *upper class,* sino en el seno de todas las clases sociales. Para empezar, en Marruecos hacen un uso magnífico de la lengua francesa, y además, numerosos escritores cuya lengua vernácula, materna, es el árabe o el bereber, escriben en francés, y escriben en una lengua magnífica, llena de invenciones, llena de ideas nuevas.

En cambio, ahora, cuando voy a París, no entiendo lo que dice la gente porque no he ido siguiendo la evolución del lenguaje oral. Entiendo cuando me hablan con acento canadiense, con acento marroquí, con acento del sur de Francia, pero el acento parisino no lo entiendo. En algún momento se ha producido una ruptura en la continuidad del lenguaje, y la consecuencia es que, cuando oigo ese idioma, me pregunto qué estarán diciendo. El hablante que soy tiene una vida más corta que la lengua. La lengua continúa y evoluciona.

El lenguaje, la escritura, la literatura y las artes en general sirven para nombrar, para identificar, y por tanto para conocer y reconocerse. Lo creo a pie juntillas. Cuando una lengua desaparece, es una tragedia. No es un fenómeno baladí. Una de las cualidades de la literatura reside en esa capacidad de reinvención y de reapropiación de la lengua.

La otra función de la lengua (tanto si se trata de una lengua con una dilatada tradición literaria como de una lengua más viva, más oral) también reside en el mestizaje. A este respecto, me gustaría mencionar una investigación que hice hace tiempo, cuando estaba preparando el doctorado de Literatura Moderna en la Universidad de Niza. El autor al que había decidido estudiar era Isidore Ducasse, más conocido por el seudónimo de Conde de Lautréamont, autor de un único poema titulado *Los cantos de Maldoror*.

Lo de Lautréamont surgió porque necesitaba un tema para la tesis y había estado estudiando a Michaux, y cuando lees a Henri Michaux, inevitablemente acabas orientándote hacia una de sus fuentes de inspiración: Lautréamont. Lautréamont fue el alumno díscolo de la literatura francesa. No dejó ningún rastro visual (no existe ninguna foto suya). A veces, alguien saca una foto y dice: «Aquí está, es él», pero en realidad no es él, es una foto que apareció en un baúl viejo, pero no pone que sea Isidore Ducasse, Conde de Lautréamont, solo es una foto.

Así pues, no existe ninguna imagen de Lautréamont, aunque sí unas poquitas cartas, y por eso hay quien ha llegado incluso a dudar de su existencia. Además, nació en Uruguay, y su primera lengua fue el francés cruzado con el español. Lo criaron unas amas que le hablaban en español. Era una persona mestiza, totalmente mestiza, y a mí me resultaba no poco interesante porque, como no había dejado ningún rastro, yo podía meter todo lo que quisiera en su obra y en su personaje. Metí todo lo que quería meter. Pero creo que haber realizado aquella investigación sobre los orígenes plurales de la lengua de Lautréamont, sobre cómo jugaba con las imágenes y mezclaba las referencias (todas las manipulaciones y trampas que abundan en su poesía), me ayudó a comprender que la literatura es, más que cualquier otra cosa, un arte de mezcla y de mestizaje. El propio Lautréamont lo dijo en los *Poemas 1* y *2* de su antología de aforismos: «La poesía no puede escribirla solo uno, sino todos».

Pero por lo visto existe una cosa que se llama magia. Me fui de viaje y había metido el resultado de todas mis investigaciones en forma de apuntes en papel (obviamente, fue mucho antes de que se inventaran los ordenadores) en una maleta. Y hete aquí que perdí la maleta, me la robaron, y cuando la recuperé dentro solo había un pantalón viejo que ni siquiera era mío. Entonces pensé que había sido cosa de magia, que Lautréamont había convertido mi tesis en un pantalón, no quería que la publicase. Renuncié a aquella tesis. Hice una investigación de doctorado sobre un tema totalmente distinto, una tesis en español sobre una población india de

México. No tenía nada que ver con Lautréamont. Pensé que él no querría que yo fuera por ahí diciendo bobadas… ¡Y aquí acaba mi historia!

Como ha llegado el momento de despedirse, me gustaría concluir citándoles unas palabras que para mí son muy importantes. Cuando tenía diecisiete o dieciocho años, compré en una librería de lance londinense unas obras completas de Shakespeare que todavía conservo. Es un solo tomo que había pertenecido a un estudiante de secundaria que estaba en la edad de la inocencia y del idealismo y debía de tener cierta tendencia a ser grandilocuente, porque en la primera página del libro había escrito: «My motto: be true to myself» (Mi divisa: ser fiel a mí mismo). Lo había leído en boca de Polonio, en *Hamlet,* cuando dice:

«*To thine own self be true,*
*And it must follow, as the night the day,*
*Thou canst not then be false to any man*».

(Y, sobre todo, sé fiel a ti mismo,
pues de ello se sigue, como el día a la noche,
que no podrás ser falso con nadie).

Se ha convertido en mi divisa, *be true to yoursel-*
*ves,* sed fieles con vosotros mismos, sed auténticos
con vosotros mismos, seguid este admirable conse-
jo del grandioso Shakespeare. En efecto, te puedes
pasar la vida entera preguntándote cuál es el poder
de las palabras en este mundo nuestro de violencia
y de injusticia. También creo que la respuesta a esta
pregunta está en la literatura.

# Índice

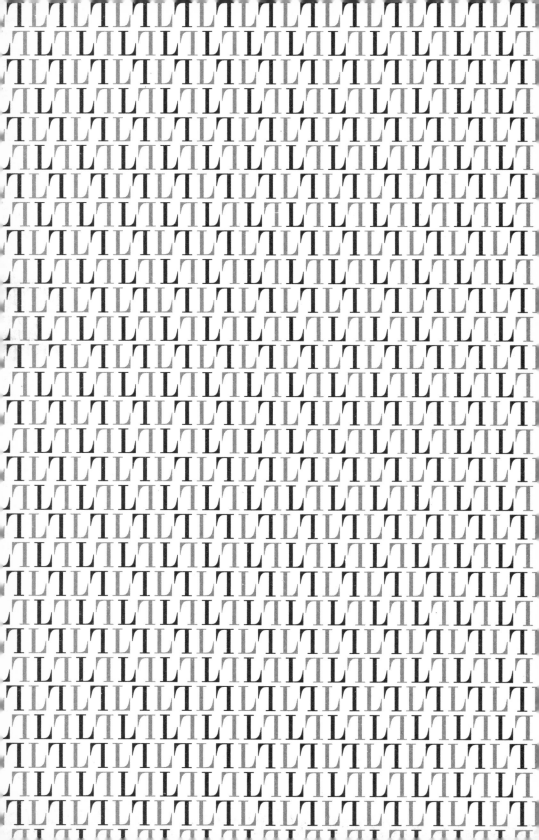